Viggo and the Mystery of the Missing Cinnamon Buns: Bilingual Swedish-English Stories for Kids

Pomme Bilingual

Published by Pomme Bilingual, 2024.

VIGGO AND THE MYSTERY OF THE MISSING CINNAMON BUNS: BILINGUAL SWEDISH-ENGLISH STORIES FOR KIDS

First edition. October 23, 2024.

Copyright © 2024 Pomme Bilingual.

ISBN: 979-8227158581

Written by Pomme Bilingual.

Table of Contents

Lennart och den Magiska Lingonbärspajen

I den lilla, tysta byn Sörby, som ligger mellan täta skogar och glittrande sjöar, bodde en åttaårig pojke vid namn Lennart. Lennart var ett nyfiket barn med stora blå ögon, alltid full av frågor och en ivrighet att utforska. Han bodde med sina föräldrar i ett litet trähus, precis nerför vägen från sin mormors hus. Hans mormor, Mormor Ingrid, var känd för sina berättelser om gamla tider och, mest berömt, sina läckra lingonbärspajer.

En solig eftermiddag befann sig Lennart på sin mormors vind. Han hade blivit skickad dit för att hämta några gamla lådor, men som alltid blev hans nyfikenhet för mycket. Dammet knarrade under fötterna, och luften doftade av gammalt trä och glömda minnen. Lennart grävde igenom det röriga utrymmet tills han fann en liten träbröst, gömd under en hög med malätna filtar. Den var låst, men låset var så gammalt och rostigt att det öppnades med en enkel vridning.

Inuti bröstet fanns en tunn, gulnad bok. Titeln på omslaget löd "Magiska Recept för Lingonbärspaj". Lennarts hjärta bultade av spänning. Han älskade sin mormors pajer, men en magisk lingonbärspaj? Det var något helt nytt.

Han bläddrade genom de sköra sidorna tills han fann ett recept som fångade hans intresse. Det kallades "Önskepajen." Enligt anteckningarna kunde den som bakade denna paj och åt den göra en önskan—vilken önskan som helst.

Lennart kunde knappt tro sin lycka. Han rusade nerför trappen för att visa sin mormor, men Mormor Ingrid sov redan djupt i sin fåtölj. Lennart bet sig i läppen. Han visste att han inte fick laga mat själv, men detta var för spännande för att låta bli. Han bestämde sig för att göra pajen själv.

Han samlade alla ingredienser från skafferiet: mjöl, socker, smör och de färskaste lingonen han kunde hitta. När han blandade degen och fyllde skalet med de söta, syrliga bären viskade han den speciella ramsan från boken. Orden kändes konstiga på tungan, men de glittrade i luften omkring honom.

Till sist satte Lennart in pajen i ugnen och väntade. Doften av varma lingon fyllde huset, och hans mage kurrade av förväntan. När pajen var gyllenbrun och bubblande drog han ut den, hans händer skakade av spänning. Han visste att han kunde önska sig vad som helst—ett oändligt godisförråd, förmågan att flyga, eller kanske till och med en husdrake!

Men innan Lennart hann ta en bit, blåste en vindpust genom det öppna fönstret, och pajen gled av fönsterbrädan med ett kras. Lennart andades häftigt, men när han tittade upp stod hans kusin Eira där, leende busigt. Eira var bara ett år äldre än Lennart, men hon hade ett rykte om sig att ställa till med problem.

"Oops," fnissade Eira och tog en bit av den fallna pajen. "Vad är detta, Lennart? En paj bara för mig?"

Lennarts hjärta sjönk. "Eira, nej! Den pajen är—"

Men det var för sent. Eira stoppade biten i munnen, tuggade med överdriven glädje. Hon svalde och slickade sina läppar, fortfarande ovetande om pajens magi. Sedan log hon snobbigt. "Jag önskar mig det roligaste kaoset någonsin!" deklarerade hon och kastade upp händerna dramatiskt i luften.

För ett ögonblick hände ingenting. Eira skrattade. "Jag antar att din paj bara är en paj, Lennart."

Men plötsligt skakade ett högt dån marken under deras fötter. Träden utanför började svaja vilt, trots att det inte blåste. Himlen, som tidigare var klar och blå, mörknade av tjocka, lila moln. Plötsligt flög ladugårdsdörrarna upp, och Mormor Ingrids getter rusade ut, hoppande runt som kängurur. Korna började mucka i märkliga, operatiska toner, och hönsen kluckade i perfekt harmoni, vilket bildade en konstig kör av gårdsdjur.

Eiras ögon vidgades. "Wow! Det här är så coolt!"

Men Lennart skrattade inte. Kaoset hade verkligen börjat, och det var snabbt på väg att bli ohanterligt. Byhönan växte till storleken av en häst och strosade nerför gatan, medan blommorna i trädgården dansade som ballerinas. Ännu värre, en jättevåg av lingonsylt började rinna från skogen, krypande mot byn som en långsam ström.

Lennart insåg att han måste stoppa detta innan det gick helt överstyr. Han grep den gamla receptboken och bläddrade genom sidorna, desperat på jakt efter ett sätt att återställa önskan. Men boken gav inga lösningar.

Tänk, Lennart, tänk, sa han till sig själv.

Då kom han ihåg något hans mormor alltid sa: "Magi, precis som paj, är bäst att dela med kärlek."

Lennarts hjärta bultade. Tänk om nyckeln till att ångra kaoset inte låg i boken, utan i sättet pajen åt? Eira hade ätit pajen själviskt, utan att dela med sig eller tänka på någon annan. Kanske, bara kanske, om han bakade en annan paj och delade den med kärlek, kunde det motverka önskan.

Lennart samlade snabbt ingredienserna igen, hans händer darrade när han arbetade. Denna gång hällde han sitt hjärta i varje steg. Han tänkte på sin familj, sina vänner och den fredliga byn han älskade. Han reciterade inte de magiska orden denna gång; istället sjöng han en mjuk melodi som hans mormor brukade sjunga när hon bakade.

När den nya pajen bakades i ugnen, blev kaoset utanför värre. Den jättehönan försökte nu dansa med byns väderkvarn, och Eira jagade syltfloden med en sked, skrattandes hela vägen.

Till sist var pajen klar. Lennart skar försiktigt en bit och bar den till Eira, som var täckt av klibbig lingonsylt från topp till tå.

"Eira," sa han mjukt, "låt oss dela denna paj. Tillsammans."

Eira, fortfarande fnittrande från kaoset, tittade på Lennart och sedan på pajen. Något i hans ton fick henne att tveka. Hon nickade och tog den bit han erbjöd. Tillsammans åt de pajen tyst, sida vid sida.

Så snart de var klara, började de lila molnen lyfta, djuren återvände till sina normala storlekar, och syltfloden slutade flyta. Byn var lugn igen.

Eira såg på Lennart, hennes ögon vidgade. "Det där var... ganska fantastiskt," medgav hon. "Jag menade inte att allt skulle bli så galet."

"Jag vet," sa Lennart med ett leende. "Men nästa gång, kanske vi kan baka tillsammans istället för att ställa till med kaos."

Eira log och knuffade honom lekfullt. "Avtal."

Från den dagen blev Lennart och Eira närmare än någonsin, alltid delande sina äventyr—och sina pajer—med varandra. Och vad gäller receptboken, stoppade Lennart den tryggt undan, med vetskapen om att lite magi bäst används varsamt, med ett hjärta fullt av kärlek.

Lennart and the Magical Lingonberry Pie

In the small, quiet village of Sörby, nestled between dense forests and shimmering lakes, lived an eight-year-old boy named Lennart. Lennart was a curious child with wide blue eyes, always full of questions and an eagerness to explore. He lived with his parents in a small wooden house, just down the road from his grandmother's place. His grandmother, Mormor Ingrid, was known for her stories about the old days and, most famously, her delicious lingonberry pies.

One sunny afternoon, Lennart found himself in his grandmother's attic. He had been sent up there to fetch some old boxes, but as always, his curiosity got the better of him. Dusty beams creaked underfoot, and the air smelled of old wood and forgotten memories. Lennart rummaged through the cluttered space until he found a small wooden chest, hidden beneath a pile of moth-eaten blankets. It was locked, but the lock was so old and rusty that it popped open with a simple twist.

Inside the chest was a thin, yellowed book. The title on the cover read "Magiska Recept för Lingonbärspaj"—"Magical Recipes for Lingonberry Pie." Lennart's heart raced with excitement. He loved his grandmother's pies, but a magical lingonberry pie? That was something entirely new.

He flipped through the fragile pages until he found a recipe that caught his eye. It was called "The Wish Pie." According to the notes, if someone baked this pie and ate it, they could make one wish—any wish they wanted.

Lennart could hardly believe his luck. He rushed downstairs to show his grandmother, but Mormor Ingrid was already fast asleep in her armchair. Lennart bit his lip. He knew he wasn't supposed to cook on his own, but this was too exciting to pass up. He decided he would make the pie himself.

He gathered all the ingredients from the pantry: flour, sugar, butter, and the freshest lingonberries he could find. As he mixed the dough and filled the crust with the sweet, tangy berries, he whispered the special chant from the book. The words felt strange on his tongue, but they shimmered in the air around him.

Finally, Lennart slid the pie into the oven and waited. The scent of warm lingonberries filled the house, and his stomach rumbled in anticipation. When the pie was golden and bubbling, he pulled it out, his hands shaking with excitement. He knew he could wish for anything—an endless supply of candy, the ability to fly, or maybe even a pet dragon!

But before Lennart could take a bite, a gust of wind blew through the open window, and the pie slid off the windowsill with a crash. Lennart gasped, but when he looked up, there stood his cousin Eira, grinning mischievously. Eira was only a year older than Lennart, but she had a reputation for causing trouble.

"Ooops," Eira giggled, grabbing a piece of the fallen pie. "What's this, Lennart? A pie just for me?"

Lennart's heart sank. "Eira, no! That pie is—"

But it was too late. Eira stuffed the piece into her mouth, chewing with exaggerated glee. She swallowed and licked her lips, still unaware of the pie's magic. Then she smirked. "I wish for the most fun chaos ever!" she declared, tossing her hands dramatically in the air.

For a moment, nothing happened. Eira laughed. "I guess your pie's just a pie after all, Lennart."

But then, a loud rumble shook the ground beneath their feet. The trees outside began to sway wildly, even though there was no wind. The sky, once clear and blue, darkened with thick, purple clouds. Suddenly, the barn doors flew open, and out rushed Mormor Ingrid's goats, hopping around like kangaroos. The cows started mooing in strange, operatic tones, and the chickens clucked in perfect harmony, forming a strange choir of farm animals.

Eira's eyes widened. "Whoa! This is so cool!"

But Lennart wasn't laughing. Chaos had indeed begun, and it was quickly spiraling out of control. The village rooster grew to the size of a horse and strutted down the street, while flowers in the garden danced like ballerinas. Worse still, a giant wave of lingonberry jam began to ooze from the forest, creeping toward the village like a slow-moving river.

Lennart realized he had to stop this before things got completely out of hand. He grabbed the old recipe book and flipped through the pages, desperately searching for a way to reverse the wish. But the book offered no solutions.

Think, Lennart, think, he told himself.

That's when he remembered something his grandmother always said: "Magic, like pie, is best shared with love."

Lennart's heart raced. What if the key to undoing the chaos was not in the book, but in the way the pie was eaten? Eira had eaten the pie selfishly, without sharing or thinking of anyone else. Maybe, just maybe, if he baked another pie and shared it with love, it could counteract the wish.

Lennart quickly gathered the ingredients again, his hands trembling as he worked. This time, he poured his heart into every step. He thought of his family, his friends, and the peaceful village he loved. He didn't chant the magical words this time; instead, he hummed a soft tune his grandmother used to sing when she baked.

As the new pie baked in the oven, the chaos outside grew worse. The giant rooster was now trying to dance with the village windmill, and Eira was chasing the jam river with a spoon, laughing all the way.

Finally, the pie was ready. Lennart carefully sliced it and carried a piece to Eira, who was covered in sticky lingonberry jam from head to toe.

"Eira," he said gently, "let's share this pie. Together."

Eira, still giggling from the chaos, looked at Lennart and then at the pie. Something in his tone made her pause. She nodded and took the piece he offered. Together, they ate the pie quietly, side by side.

As soon as they finished, the purple clouds began to lift, the animals returned to their normal sizes, and the river of jam stopped flowing. The village was peaceful again.

Eira looked at Lennart, her eyes wide. "That was... kind of amazing," she admitted. "I didn't mean for everything to get so crazy."

"I know," Lennart smiled. "But next time, maybe we can bake together instead of causing chaos."

Eira grinned and nudged him playfully. "Deal."

From that day on, Lennart and Eira became closer than ever, always sharing their adventures—and their pies—with each other. And as for the recipe book, Lennart tucked it safely away, knowing that some magic was best used carefully, with a heart full of love.

Bertil och den Talande Älgen

I den norra staden Umeå, där tallarna stod höga och floderna flöt iskalla, bodde en pojke vid namn Bertil. Bertil var tyst, inte för att han inte gillade människor, utan för att han ofta tyckte att det var svårt att säga något. Medan andra barn sprang omkring och lekte och skrattade, föredrog Bertil skogen. Det var hans favoritställe—lugnt, fridfullt och fullt av under.

En dag, när solen tittade fram genom molnen, vandrade Bertil djupare in i skogen än han någonsin hade gjort förut. Han älskade att gå genom skogen, lyssna på fåglarnas kvitter och vinden som susade genom träden. Men idag kändes det annorlunda. Luften verkade tyngre, och skogen kändes märkligt levande.

När Bertil flanerade genom undervegetationen hörde han en låg, grumlig röst i närheten. "Ännu en? Vad kan det vara den här gången?" muttrade rösten.

Bertil frös. Han såg sig omkring men kunde inte se någon. Nyfiken smög han sig närmare ljudet och kikade genom buskarna. Och där, i en liten glänta, stod en älg. Men detta var ingen vanlig älg. Denna älg hade en gammal, trasig halsduk runt halsen och ett något grymt uttryck i ansiktet.

Älgen såg Bertil och suckade. "Åh, bra, ännu en människa."

Bertil blinkade förvånat. "Sade... sade du just något?"

Älgen rullade med sina stora ögon. "Självklart pratade jag. Tror du att djur som jag bara står tysta hela dagen?" Han skakade på huvudet. "Jag är Sture, förresten. Inte för att det spelar någon roll."

Bertil, fortfarande förbluffad, steg fram. "Jag heter Bertil. Jag har aldrig träffat en talande älg förut."

"Nåväl, jag har aldrig träffat en pojke som går omkring i skogen och pratar med älgar förut, så jag antar att vi är jämnt," svarade Sture torrt.

Bertil var osäker på om han skulle skratta eller springa, men något med Sture fascinerade honom. "Varför kan du prata?"

Sture suckade, hans horn hängde lite. "Det är en lång historia. Låt oss bara säga att jag har blivit förhäxad av en skogstrollkvinna. Hon gillade inte att jag var för bra på gåtor. Så nu är jag fast här och pratar, vandrar runt i skogen och väntar på att någon ska vara smart nog att bryta förtrollningen."

Bertils ögon vidgades. "En förbannelse?"

"Ja, en förbannelse. Jag kan bara återvända till min familj om någon löser tre av mina gåtor. Varje människa jag har träffat hittills har försökt och misslyckats, och tro mig, det har varit många. Men du ser ut som en smart pojke," tillade Sture och betraktade Bertil. "Vad säger du? Vill du försöka?"

Bertil tvekade. Han hade alltid varit blyg, och tanken på att lösa gåtor för en talande älg verkade galen. Men något inom honom, kanske hans kärlek till pussel eller hans nyfikenhet, fick honom att nicka. "Jag ska försöka."

Stures ögon glänste. "Bra! Låt oss börja då. Men var försiktig—de här gåtorna är inte lätta."

Bertil tog ett djupt andetag och förberedde sig. Sture harklade sig dramatiskt.

"Här är den första gåtan," började älgen. "Jag tas från en gruva och stängs in i en trälåda, från vilken jag aldrig släpps ut, och ändå används jag av nästan varje människa. Vad är jag?"

Bertil funderade hårt. En gruva, en trälåda, används av människor... Hans sinne rusade genom möjligheter tills en plötslig insikt slog honom. "Det är en penna!" utbrast han.

Stures ögon vidgades. "Nåväl, nåväl, nåväl. Du fick rätt! Inte dåligt för en nybörjare. Men bli inte för exalterad. Den nästa är svårare."

Sture gick fram och tillbaka, hans halsduk fladdrade bakom honom, och ställde den andra gåtan: "Ju mer du tar, desto mer lämnar du kvar. Vad är jag?"

Bertil rynkade pannan, hans hjärna arbetade på högvarv. Den här var tuffare. Ju mer du tar, desto mer lämnar du kvar... Han föreställde sig själv gående i skogen, tittande på sina fötter.

"Fotsteg," sa Bertil, nästan för sig själv.

Sture stannade i sin rörelse, stirrande på Bertil i chock. "Fotsteg! Jag kan inte tro det... Två på rad!" Älgen skakade på huvudet. "Okej, Bertil, du har imponerat mig, men det finns fortfarande en gåta kvar. Och den är den svåraste av alla."

Bertils hjärta slog snabbt. Han hade kommit så långt, och han ville inte göra Sture besviken nu. Sture lutade sig närmare och viskade den sista gåtan:

"Jag pratar utan mun och hör utan öron. Jag har ingen kropp, men jag kommer till liv med vinden. Vad är jag?"

Den här fick Bertil att pausa. Han stängde ögonen och försökte föreställa sig svaret. Han tänkte på vinden, på ljuden i skogen. Plötsligt klickade det.

"En eko," viskade Bertil.

För ett ögonblick var Sture tyst. Sedan, med ett stort, bullrande skratt, kastade älgen tillbaka sitt huvud. "En eko! Du gjorde det! Du gjorde faktiskt det!"

Innan Bertil hann fira, omringades Sture av ett konstigt skimrande ljus. Hans horn glödde, och den gamla, trasiga halsduken försvann. Det gryniga uttrycket på hans ansikte försvann, ersatt av ett glatt uttryck.

"Förtrollningen är bruten!" utbrast Sture, hans röst fylld av lycka. "Jag kan återvända till min familj nu, tack vare dig!"

Bertil log och kände sig stolt. Han kunde inte tro att han hade gjort det—han hade löst alla gåtor! För första gången på länge kände Bertil sig modig och självsäker. Och även om han alltid hade varit blyg, insåg han att det ibland bara krävdes lite mod och en gnutta vänskap för att göra en stor skillnad.

Sture tittade på Bertil, hans ögon mjuka av tacksamhet. "Tack, Bertil. Du har gett mig mitt liv tillbaka. Jag kommer inte att glömma detta."

När Sture vände sig för att gå, kände Bertil en sorgsen klump i magen. "Kommer jag att få se dig igen?"

Sture log. "Självklart! Vänner försvinner inte bara. Jag kommer att vara här—när du nästa gång är i skogen, bara kalla mitt namn, så kommer jag springande."

Med det skuttade Sture bort in i träden, hans hovar gjorde knappt något ljud när han försvann in i skogens djup.

Bertil stod där länge, kände hur tystnaden återvände till skogen. Han hade gjort något fantastiskt—något han aldrig trott att han skulle kunna göra. Och han visste att från och med nu, när han gick genom skogen, skulle han aldrig känna sig ensam igen.

För någonstans, där ute, fanns en talande älg vid namn Sture—och de var vänner.

Bertil and the Talking Moose

In the northern city of Umeå, where the pine trees stood tall and the rivers flowed icy cold, lived a boy named Bertil. Bertil was quiet, not because he didn't like people, but because he often found it hard to speak up. While other kids ran around playing games and laughing, Bertil preferred the stillness of the forest. It was his favorite place—calm, peaceful, and full of wonders.

One day, as the sun peeked through the clouds, Bertil wandered deeper into the forest than he ever had before. He loved walking through the woods, listening to the birds chirping and the wind rustling through the trees. But today, something felt different. The air seemed heavier, and the forest felt strangely alive.

As Bertil meandered through the undergrowth, he heard a low, grumbling voice nearby. "Another one? What could it be this time?" the voice muttered.

Bertil froze. He looked around but couldn't see anyone. Curious, he tiptoed toward the sound, peeking through the bushes. And there, in a small clearing, stood a moose. But this wasn't just any moose. This moose was wearing an old, tattered scarf around his neck and had a slightly grumpy expression on his face.

The moose saw Bertil and let out a sigh. "Oh great, another human."

Bertil blinked in surprise. "Did... did you just talk?"

The moose rolled his big eyes. "Of course I talked. Do you think animals like me just stand around silently all day?" He shook his head. "I'm Sture, by the way. Not that it matters."

Bertil, still amazed, stepped forward. "I'm Bertil. I've never met a talking moose before."

"Well, I've never met a boy who walks around in the woods talking to moose before, so I guess we're even," Sture replied dryly.

Bertil wasn't sure whether to laugh or run, but something about Sture intrigued him. "Why can you talk?"

Sture sighed, his antlers drooping slightly. "It's a long story. Let's just say I've been cursed by a forest witch. She didn't like that I was too good at riddles. So now I'm stuck talking, wandering the forest, and waiting for someone clever enough to break the curse."

Bertil's eyes widened. "A curse?"

"Yes, a curse. I can only return to my family if someone solves three of my riddles. Every human I've met so far has tried and failed, and trust me, there have been many. But you look like a clever boy," Sture added, eyeing Bertil. "What do you say? Want to try?"

Bertil hesitated. He had always been shy, and the thought of solving riddles for a talking moose sounded crazy. But something inside him, maybe his love for puzzles or his curiosity, made him nod. "I'll try."

Sture's eyes gleamed. "Good! Let's get started then. But be warned—these riddles aren't easy."

Bertil took a deep breath and prepared himself. Sture cleared his throat dramatically.

"Here's the first riddle," the moose began. "I am taken from a mine, and shut up in a wooden case, from which I'm never released, and yet I am used by almost every person. What am I?"

Bertil thought hard. A mine, a wooden case, used by people... His mind raced through possibilities until a sudden spark of understanding hit him. "It's a pencil!" he exclaimed.

Sture's eyes widened. "Well, well, well. You got it right! Not bad for a first-timer. But don't get too excited. The next one's trickier."

Sture paced back and forth, his scarf fluttering behind him, and posed the second riddle: "The more you take, the more you leave behind. What am I?"

Bertil frowned, his brain working overtime. This one was tougher. The more you take, the more you leave behind... He imagined himself walking in the forest, watching his feet.

"Footsteps," Bertil said, almost to himself.

Sture stopped in his tracks, staring at Bertil in shock. "Footsteps! I can't believe it... Two in a row!" The moose shook his head. "Alright, Bertil, you've impressed me, but there's still one more riddle to go. And it's the hardest of all."

Bertil's heart raced. He had come so far, and he didn't want to let Sture down now. Sture leaned in closer and whispered the final riddle:

"I speak without a mouth and hear without ears. I have no body, but I come alive with wind. What am I?"

This one made Bertil pause. He closed his eyes, trying to picture the answer. He thought about the wind, about sounds in the forest. Suddenly, it clicked.

"An echo," Bertil whispered.

For a moment, Sture was silent. Then, with a great booming laugh, the moose threw his head back. "An echo! You did it! You actually did it!"

Before Bertil could celebrate, a strange shimmering light surrounded Sture. His antlers glowed, and the old, tattered scarf disappeared. The grumpy look faded from his face, replaced with a joyful expression.

"The curse is broken!" Sture exclaimed, his voice full of happiness. "I can go back to my family now, thanks to you!"

Bertil smiled, feeling proud. He couldn't believe he had done it—he had solved all the riddles! For the first time in a long while, Bertil felt brave and confident. And even though he had always been shy, he realized that sometimes, all it took was a little courage and a bit of friendship to make a big difference.

Sture looked at Bertil, his eyes soft with gratitude. "Thank you, Bertil. You've given me my life back. I won't forget this."

As Sture turned to leave, Bertil felt a pang of sadness. "Will I see you again?"

Sture smiled. "Of course! Friends don't just disappear. I'll be around—next time you're in the forest, just call my name, and I'll come running."

With that, Sture trotted off into the trees, his hooves barely making a sound as he disappeared into the depths of the forest.

Bertil stood there for a long moment, feeling the quiet return to the woods. He had done something amazing—something he never thought he could do. And he knew that from now on, whenever he walked through the forest, he'd never feel alone again.

Because somewhere, out there, was a talking moose named Sture—and they were friends.

Elsas Snöiga Hemlighet

I de fjärran norra delarna av Sverige, där snön täcker landet i flera månader, bodde en ung flicka som hette Elsa. Hon älskade allt med vintern – det glittrande snötäcket, den friska luften och hur stjärnorna gnistrade starkare på den mörka, frusna himlen. Elsa bodde i ett mysigt rött hus nära en tät skog tillsammans med sin mamma, pappa och sin busiga lilla hund, Loppis. Trots att vintrarna var långa och kalla, blev Elsa aldrig uttråkad. Det fanns alltid något magiskt med den snöiga värld hon kallade hem.

En eftermiddag, när Elsa utforskade skogskanten med Loppis som hoppade glatt genom snön, lade hon märke till något ovanligt. Ett mjukt, skimrande ljus lyste från en klunga träd. Nyfiken skyndade Elsa sig genom snödrivorna och fann sig stå framför något extraordinärt – en enda blomma, helt gjord av is, som vilade mellan rötterna av en gammal ek. Det var det vackraste hon någonsin hade sett, med delikata kristallblad och en svag blå glöd.

"Vad är detta?" viskade Elsa och sträckte ut handen för att röra vid blomman. Hon förväntade sig att den skulle smälta under hennes fingrar, men så skedde inte. Blomman förblev kall och fast, dess glöd blev starkare när hon kom närmare.

Plötsligt ekade en röst bakom henne. "Det där är inte bara en vanlig blomma, vet du."

Elsa vände sig om och såg en gammal kvinna stå bakom sig, insvept i en tjock, fällklädd kappa. Hennes silvergrå hår glittrade av frost, och hennes ljusblå ögon gnistrade när hon log milt.

"Vem är du?" frågade Elsa, hennes röst darrade lite.

Den gamla kvinnan log. "Jag är Greta, skogens väktare. Och det där," sa hon och pekade på isblomman, "är Frostblomma – vinterns blomma."

Elsa stirrade på blomman i beundran. "Den är så vacker. Men varför är den här?"

Greta suckade mjukt. "Frostblomman håller balansen mellan vinter och vår. Den ser till att årstiderna är i harmoni och låter vintern komma och gå som den ska. Utan den skulle vintern aldrig ta slut."

Ett stort ljus tändes i Elsas ögon. "Så, den är magisk?"

Greta nickade. "Ja, men den är också skör. Om den hamnar i fel händer kan den kasta världen i en evig vinter."

När vikten av Gretas ord sjönk in, hörde Elsa ett avlägset ljud – fotsteg som knakade i snön. De var inte ensamma.

Plötsligt, ur skuggorna av träden, trädde en lång man med ett kallt, skarpt leende fram. Han bar en slank svart kappa och hade en uppsyn som tydde på att han alltid fick som han ville. Hans namn var Magnus Frost, en rik affärsman från staden som hade letat efter Frostblomman i flera år.

"Så, det här är var du har gömt den, Greta," sneglade Magnus, hans isiga ögon fästa vid den lysande blomman. "Jag visste att det bara var en tidsfråga innan jag skulle hitta den."

Greta ställde sig beskyddande framför blomman, hennes ögon smalnade. "Du har ingen rätt att vara här, Magnus."

"Åh, men det har jag," sa Magnus, hans röst droppade av girighet. "Tänk dig en värld där vintern aldrig tar slut – en värld där jag kontrollerar snön och isen. Med Frostblomman kan jag få det att hända."

Elsas hjärta slog hårt. Tanken på att vintern skulle vara för evigt lät fruktansvärd. Hon älskade vintern, men utan våren skulle det inte finnas något nytt liv, inga blommor som blommar, inget varmt solsken i hennes ansikte. Allt skulle vara fruset, och inget skulle växa.

"Vi kan inte låta honom ta den!" viskade Elsa till Greta.

Greta nickade. "Du har rätt. Men vi behöver hjälp."

Just då skällde Loppis och sprang iväg genom snön, vilket ledde Elsa och Greta mot byn. Längs vägen samlade Elsa sina vänner – Lukas, hennes modiga granne, och Mia, som alltid hade kloka idéer. Tillsammans kom de på en plan för att skydda Frostblomman från Magnus.

Nästa morgon, när solen knappt steg över horisonten, återvände Magnus med ett team av arbetare och maskiner, redo att riva igenom skogen för att ta den magiska blomman. Men Elsa, Greta och hennes vänner var redo.

Lukas klättrade upp i träden, kastade snöbollar på Magnus arbetare och saktade ner dem. Mia använde sin kunskap om skogen för att leda Magnus team i fel riktning, vilket fick dem att gå djupare in i skogen där de gick vilse. Under tiden kastade Greta en skyddande besvärjelse över Frostblomman, så att den blev osynlig.

Men Magnus var envis. Han stormade genom skogen, hans andedräkt kom ut i arga moln av ånga, tills han slutligen fann Elsa stående framför den dolda blomman.

"Flytta på dig, flicka," väste Magnus. "Den där blomman tillhör mig."

Elsa stod stadigt, hennes hjärta bultade. "Du kan inte ta den. Om du gör det, kommer vintern aldrig att ta slut, och allt kommer att frysa för alltid."

Magnus sneglade. "Det är poängen. Jag ska bli vinterns kung, och ingen kommer att stoppa mig."

Elsa tog ett djupt andetag och samlade all sin mod. "Du har fel. Vintern är vacker, men den är inte menad att vara för evigt. Världen behöver vår, och sommar, och höst. Utan dem skulle allt dö."

För ett ögonblick tvekade Magnus, men hans girighet övervann snabbt varje tvivel. Han sträckte ut handen för att gripa den osynliga blomman.

Men innan han kunde röra den, hoppade Loppis, den lilla hunden, ur snön och bet Magnus i handen. "Aj!" skrek Magnus och drog sig tillbaka i förvåning.

I det ögonblicket av distraktion dök Greta upp, hennes händer glödde av magi. "Nog, Magnus! Du får inte ta Frostblomman."

Med en viftning av handleden kastade Greta en besvärjelse som skickade en våg av skimrande ljus över skogen. Magnus snubblade bakåt, hans kalla leende bleknade när han insåg att han hade förlorat.

"Du kanske har vunnit den här gången," fräste Magnus, "men jag kommer att komma tillbaka."

Greta skakade på huvudet. "Skogen kommer alltid att skydda sig själv, Magnus. Och det kommer också de som bryr sig om den."

Magnus rynkade på näsan och gick därifrån, hans arbetare följde efter, deras maskiner tysta och besegrade.

Elsa släppte ut en suck hon inte visste att hon hade hållit. "Vi klarade det," viskade hon.

Greta log mot henne. "Ja, det gjorde vi. Tack vare dig och dina vänner är balansen mellan vinter och vår säker."

När solen gick ner och kastade ett mjukt rosa sken över det snöiga landskapet, stod Elsa och hennes vänner tillsammans, stolta över vad de hade åstadkommit. Frostblomman fortsatte att lysa, gömd men säker, och höll den ömtåliga balansen mellan årstiderna intakt.

Från den dagen visste Elsa att magin i skogen inte bara låg i snön eller träden – den låg i människorna som älskade och skyddade den.

Och vad hände med Magnus? Ja, han återvände aldrig till skogen igen. Men berättelsen om flickan som räddade Frostblomman blev en legend, berättad i viskningar genom de långa vinterkvällarna.

Elsa's Snowy Secret

In the far northern reaches of Sweden, where snow covers the land for months on end, lived a young girl named Elsa. She loved everything about winter—the sparkling snow, the crisp air, and the way the stars twinkled brighter in the dark, frozen sky. Elsa lived in a cozy red house near a dense forest with her mother, father, and her mischievous little dog, Loppis. Though the winters were long and cold, Elsa never got bored. There was always something magical about the snowy world she called home.

One afternoon, as Elsa was exploring the edge of the forest with Loppis bounding happily through the snow, she noticed something unusual. A soft, shimmering light glowed from behind a cluster of trees. Curious, Elsa pushed through the snowdrifts and found herself standing in front of something extraordinary—a single flower, made entirely of ice, nestled between the roots of an old oak tree. It was the most beautiful thing she had ever seen, with delicate crystal petals and a faint blue glow.

"What is this?" Elsa whispered, reaching out to touch the flower. She expected it to melt under her fingers, but it didn't. The flower stayed cold and firm, its glow growing stronger as she drew near.

Suddenly, a voice echoed from behind her. "That's not just any flower, you know."

Elsa spun around to see an old woman standing behind her, wrapped in a thick, fur-lined cloak. Her silver hair glistened with frost, and her bright blue eyes sparkled as she smiled gently.

"Who are you?" Elsa asked, her voice trembling slightly.

The old woman smiled. "I am Greta, the guardian of the forest. And that," she said, pointing to the ice flower, "is the Frostblomma—the flower of winter."

Elsa stared at the flower in awe. "It's so beautiful. But why is it here?"

Greta sighed softly. "The Frostblomma holds the balance between winter and spring. It keeps the seasons in check, allowing winter to come and go as it should. Without it, winter would never end."

Elsa's eyes widened. "So, it's magical?"

Greta nodded. "Yes, but it is also fragile. If it falls into the wrong hands, it could throw the world into eternal winter."

As the weight of Greta's words sank in, Elsa heard a distant sound—footsteps crunching in the snow. They weren't alone.

Suddenly, from the shadows of the trees, a tall man with a sharp, cold smile emerged. He wore a sleek black coat and had the air of someone who always got what he wanted. His name was Magnus Frost, a wealthy businessman from the city who had been searching for the Frostblomma for years.

"So, this is where you've been hiding it, Greta," Magnus sneered, his icy eyes locked on the glowing flower. "I knew it was only a matter of time before I found it."

Greta stepped protectively in front of the flower, her eyes narrowing. "You have no right to be here, Magnus."

"Oh, but I do," Magnus said, his voice dripping with greed. "Imagine a world where winter never ends—a world where I control the snow and ice. With the Frostblomma, I can make that happen."

Elsa's heart pounded. The thought of winter lasting forever sounded terrible. She loved winter, but without spring, there would be no new life, no flowers blooming, no warm sun on her face. Everything would be frozen, and nothing would grow.

"We can't let him take it!" Elsa whispered to Greta.

Greta nodded. "You're right. But we'll need help."

Just then, Loppis barked and darted off through the snow, leading Elsa and Greta toward the village. Along the way, Elsa gathered her friends—Lukas, her brave next-door neighbor, and Mia, who was always full of clever ideas. Together, they came up with a plan to protect the Frostblomma from Magnus.

The next morning, as the sun barely rose above the horizon, Magnus returned with a team of workers and machines, ready to tear through the forest to claim the magical flower. But Elsa, Greta, and her friends were ready.

Lukas climbed up into the trees, dropping snowballs onto Magnus's workers, slowing them down. Mia used her knowledge of the forest to lead Magnus's team in the wrong direction, sending them deeper into the woods where they got lost. Meanwhile, Greta cast a protective spell over the Frostblomma, hiding it from sight.

But Magnus was persistent. He stormed through the forest, his breath coming out in angry puffs of steam, until he finally found Elsa standing in front of the hidden flower.

"Step aside, girl," Magnus growled. "That flower belongs to me."

Elsa stood her ground, her heart racing. "You can't take it. If you do, winter will never end, and everything will freeze forever."

Magnus sneered. "That's the point. I'll be the king of winter, and no one will stop me."

Elsa took a deep breath, summoning all her courage. "You're wrong. Winter is beautiful, but it's not meant to last forever. The world needs spring, and summer, and autumn. Without them, everything would die."

For a moment, Magnus hesitated, but his greed quickly overpowered any doubt. He reached out to grab the invisible flower.

But before he could touch it, Loppis, the little dog, jumped out of the snow and bit Magnus's hand. "Ouch!" Magnus yelped, pulling back in surprise.

In that moment of distraction, Greta appeared, her hands glowing with magic. "Enough, Magnus! You will not take the Frostblomma."

With a flick of her wrist, Greta cast a spell that sent a wave of shimmering light across the forest. Magnus stumbled backward, his cold grin fading as he realized he had lost.

"You may have won this time," Magnus spat, "but I'll be back."

Greta shook her head. "The forest will always protect itself, Magnus. And so will the people who care for it."

Magnus scowled and marched away, his workers following behind, their machines silent and defeated.

Elsa let out a breath she didn't realize she had been holding. "We did it," she whispered.

Greta smiled at her. "Yes, we did. Thanks to you and your friends, the balance of winter and spring is safe."

As the sun set, casting a soft pink glow over the snowy landscape, Elsa and her friends stood together, proud of what they had accomplished. The Frostblomma continued to shine, hidden but safe, keeping the delicate balance of the seasons intact.

From that day on, Elsa knew that the magic of the forest wasn't just in the snow or the trees—it was in the people who loved and protected it.

And as for Magnus? Well, he never returned to the forest again. But the story of the girl who saved the Frostblomma became a legend, told in whispers through the long winter nights.

36

Viggo och Mysteriet med de Försvunna Kanelbullarna

I den lilla staden Leksand fanns det en dag på året som alla ivrigt väntade på—Kanelbullens dag. Det var den bästa dagen på året för Viggo, en skarptänkt 10-åring som hade stora drömmar om att bli detektiv. Hela staden samlades på torget för att äta högar av läckra kanelbullar medan de njöt av musik, spel och skratt. Viggos familj tog dagen på stort allvar, särskilt hans mamma, som bakade dussintals kanelbullar i deras lilla kök. Hennes kanelbullar var berömda i hela Leksand—fluffiga, gyllene och droppande av söt, klibbig kanelglasyr.

Men i år var något fruktansvärt fel.

Det var morgonen för Kanelbullens dag, och så snart Viggo vaknade kunde han inte lukta... något. Ingen varm, kryddig doft av kanel som fyllde huset. Inga plåtar med nybakade bullar som svalnade på köksbänken. Istället gick hans mamma fram och tillbaka i köket, vridande sina händer.

"De är borta!" skrek hon, hennes ansikte var blekt av oro.

Viggo blinkade förvirrat. "Vad menar du med 'borta'?"

"Kanelbullarna!" klagade hon. "Alla tillsammans! Jag bakade dussintals igår kväll och lät dem svalna, men när jag kom ner i morse var de borta!"

Viggos detektivinstinkter satte genast igång. Ett fall som detta kunde inte förbli olöst. Leksands största fest skulle bli förstörd om de inte hittade de försvunna bullarna. Han tog sin förstoringsglas, anteckningsblock och en penna, fast besluten att lösa fallet.

"Oroa dig inte, mamma," sa Viggo och puffade upp bröstet. "Jag ska lösa detta mysterium. I slutet av dagen kommer bullarna att vara tillbaka där de hör hemma!"

Hans mamma gav honom ett hoppfullt leende, men Viggo kunde se att hon fortfarande var orolig. Kanelbullens dag utan kanelbullar? Det skulle bli en katastrof!

Viggo började sin utredning genom att besöka brottsplatsen: köket. Han inspekterade bänkskivorna, svalorna och till och med golvet. Inga smulor, ingen klibbig glasyr—inget. Bullarna hade försvunnit utan ett spår.

"Mm... det här är misstänkt," mumlade Viggo och skrev ner anteckningar. Den som tagit bullarna var noga. För noga.

Hans första misstänkte? Greta, stadens vänliga bagare. Greta hade ett bageri precis nerför gatan, och hon var känd för sina egna kanelbullar. Viggo undrade om hon kanske hade smugit sig in i deras kök och tagit hans mammas bullar för att sabotera konkurrensen.

Med sitt anteckningsblock under armen marscherade Viggo till Gretas bageri. Doften av nybakat bröd slog emot honom så snart han klev in, men det fanns inga kanelbullar på hyllorna.

"God morgon, Viggo!" ropade Greta från bakom disken, hennes mjöliga händer upptagna med att knåda deg. "Vad för dig hit så tidigt?"

Viggo smalnade av ögonen, försökte se allvarlig ut. "Jag utreder ett brott. Min mammas kanelbullar försvann i morse."

Greta utropade ett "Åh nej!" och torkade händerna på sin förkläde. "Jag skulle aldrig stjäla från din mamma. Jag är så upptagen med att baka till Kanelbullens dag att jag inte har tid att stjäla andras bullar!"

Viggo studerade henne en stund. Greta var en av de snällaste personerna i staden, som alltid gav bort gratis bröd till dem i nöd. Hon verkade inte vara typen som skulle stjäla. Dessutom var hennes bageri redan fullt av läckra bakverk. Han strök hennes namn från sin misstänkta lista och gick vidare.

Nästa på sin lista? Åke, deras griniga granne. Åke klagade alltid på ljudet under Kanelbullens dag och muttrade om hur musiken var för hög och hur folk skräpade ner gatorna. Viggo tänkte att Åke kanske hade stulit bullarna bara för att stoppa firandet.

Viggo knackade på Åkes dörr och förberedde sig för den griniga gamla mannens vanliga rynka. Visst nog öppnade Åke dörren med en djup rynka.

"Vad vill du, pojke?" muttrade Åke.

"Jag utreder försvinnandet av min mammas kanelbullar," sa Viggo och stod rak i ryggen. "Vet du något om det?"

Åke höjde ett ögonbryn och snusade sedan. "Varför skulle jag vilja stjäla din mammas bullar? Jag kan inte stå ut med kanelbullar. För söta för min smak."

Viggo kisade mot honom, försökte se om han ljög, men Åke såg genuint äcklad ut av tanken på att äta kanelbullar. Så mycket som Viggo inte litade på Åkes dåliga humör, verkade det inte som om han var skyldig. Han strök Åke från listan och gick vidare.

Under dagen intervjuade Viggo fler stadsbor—alla från sin lärare, fröken Svensson, till brevbäraren, herr Jansson. Men ingen hade någon användbar information. Med varje återvändsgränd blev Viggo mer frustrerad. Hela staden samlades på torget, men utan kanelbullarna kändes firandet platt.

Viggo satte sig på en bänk, hakan vilande i händerna, och stirrade på det tomma bordet där bullarna skulle ha varit.

"Tänk, Viggo, tänk!" mumlade han för sig själv. "Var kan de ha tagit vägen?"

Just då kom Loppis, hans lilla hund, springande, skällande ivrigt. Han hoppade upp i Viggos knä och slickade hans ansikte, svansande vilt.

"Loppis, jag försöker lösa ett mysterium!" sa Viggo och knuffade undan hunden.

Men Loppis fortsatte att skälla och sprang mot kanten av torget, stannade för att titta tillbaka på Viggo som om han ville att han skulle följa efter.

"Vänta ett ögonblick..." sa Viggo, hans ögon smalnande. "Loppis, vet du något?"

Med en ny känsla av beslutsamhet följde Viggo efter Loppis nerför gatan och runt hörnet till en liten gränd bakom bageriet. Och där, till sin förvåning, såg han plåten med de försvunna kanelbullarna, sittande på marken bredvid en omkullvältrad korg.

Viggos ögon vidgades. "Vad i hela världen...?"

Sedan hörde han ett mjukt fniss. När han kikade runt hörnet såg Viggo en grupp små barn från grannskapet, inklusive sin egen lillasyster Freja, sitta i en cirkel. De hade kanelglasyr över hela ansiktet, och halvätna bullar låg utspridda runt dem.

"Freja!" utropade Viggo. "Vad gör ni med bullarna?"

Freja tittade upp, hennes ögon stora av skuld. "Vi var så hungriga! Och de luktade så gott... Vi menade inte att ta dem alla."

Viggo skakade på huvudet, försökte låta bli att skratta. "Du och dina vänner har ätit hela satsen! Mamma har varit orolig hela tiden!"

Freja bet sig i läppen och såg skamsen ut. "Jag är ledsen, Viggo. Vi tänkte inte att det var en stor grej."

Med en suck knäböjde Viggo bredvid sin syster. "Du vet hur viktigt Kanelbullens dag är för alla, eller hur? Vi kan inte ha ett firande utan bullar!"

Freja nickade sorgset. "Vad gör vi nu?"

Viggo log och rufsade hennes hår. "Nåväl, du ska hjälpa mig att baka en ny sats. Kom igen, låt oss fixa detta innan dagen är slut."

Den eftermiddagen, med hjälp av Freja och hennes vänner, lyckades Viggo och hans mamma baka en ny sats kanelbullar. Precis i tid till firandet ställdes bullarna ut på torget, och doften av kanel och socker fyllde luften igen.

När byborna samlades, skrattande och njutande av de söta delikatesserna, kunde Viggo inte låta bli att le. Mysteriet var löst, och även om förövaren visade sig vara hans lillasyster, var dagen räddad.

"Bra jobbat, detektiv," sa hans mamma och klappade honom på ryggen. "Kanske löser du ett mysterium nästa år utan att behöva baka en helt ny sats bullar!"

Viggo log, redan i full gång med att föreställa sig vad nästa mysterium skulle kunna vara. Men för nu var han glad över att njuta av kanelbullarna och skrattet från sin by, och han visste att vissa mysterier—även de godaste—kunde ha de mest oväntade lösningarna.

Viggo and the Mystery of the Missing Cinnamon Buns

In the small town of Leksand, there was one day of the year that everyone eagerly awaited—Cinnamon Bun Day. It was the best day of the year for Viggo, a sharp-eyed 10-year-old boy who had big dreams of becoming a detective. The whole town would gather at the town square, eating piles of delicious cinnamon buns while enjoying music, games, and laughter. Viggo's family took the day seriously, especially his mother, who baked dozens of cinnamon buns in their little kitchen. Her cinnamon buns were famous throughout Leksand—fluffy, golden, and dripping with sweet, sticky cinnamon glaze.

But this year, something was terribly wrong.

It was the morning of Cinnamon Bun Day, and as soon as Viggo woke up, he could smell... nothing. No warm, spicy scent of cinnamon filling the house. No trays of freshly baked buns cooling on the kitchen counter. Instead, his mother was pacing back and forth in the kitchen, wringing her hands.

"They're gone!" she cried, her face pale with worry.

Viggo blinked in confusion. "What do you mean, 'gone'?"

"The cinnamon buns!" she wailed. "All of them! I baked dozens last night and left them to cool, but when I came down this morning, they were gone!"

Viggo's detective instincts kicked in immediately. A case like this couldn't go unsolved. Leksand's biggest celebration was about to be ruined if they didn't find the missing buns. He grabbed his magnifying glass, notebook, and a pencil, determined to crack the case.

"Don't worry, Mom," Viggo said, puffing up his chest. "I'll solve this mystery. By the end of the day, those buns will be back where they belong!"

His mother gave him a hopeful smile, but Viggo could tell she was still worried. Cinnamon Bun Day without cinnamon buns? It would be a disaster!

Viggo started his investigation by visiting the scene of the crime: the kitchen. He inspected the countertops, the cooling racks, and even the floor. No crumbs, no sticky glaze—nothing. The buns had vanished without a trace.

"Hmm... this is suspicious," Viggo muttered, jotting down notes. Whoever took the buns was careful. Too careful.

His first suspect? Greta, the town's friendly baker. Greta had a bakery just down the road, and she was famous for her own cinnamon buns. Viggo wondered if maybe she had snuck into their kitchen and taken his mother's buns to sabotage the competition.

With his notebook tucked under his arm, Viggo marched to Greta's bakery. The smell of freshly baked bread hit him as soon as he walked in, but there was no sign of cinnamon buns on her shelves.

"Good morning, Viggo!" Greta called from behind the counter, her flour-covered hands busy kneading dough. "What brings you here so early?"

Viggo narrowed his eyes, trying to look serious. "I'm investigating a crime. My mom's cinnamon buns went missing this morning."

Greta gasped, wiping her hands on her apron. "Oh no! I'd never steal from your mom. I'm so busy baking for Cinnamon Bun Day, I don't have time to steal anyone else's buns!"

Viggo studied her for a moment. Greta was one of the kindest people in town, always giving free bread to anyone in need. She didn't seem like the type to steal. Plus, her bakery was already full of delicious pastries. He scratched her name off his suspect list and moved on.

Next on his list? Åke, their grumpy neighbor. Åke always complained about the noise during Cinnamon Bun Day, muttering about how the music was too loud and how people littered the streets. Viggo figured Åke might've stolen the buns just to stop the celebration from happening.

Viggo knocked on Åke's door, bracing himself for the grumpy old man's usual scowl. Sure enough, Åke opened the door with a deep frown.

"What do you want, boy?" Åke grumbled.

"I'm investigating the disappearance of my mom's cinnamon buns," Viggo said, standing tall. "Do you know anything about it?"

Åke raised an eyebrow, then snorted. "Why would I want to steal your mother's buns? I can't stand cinnamon buns. Too sweet for my taste."

Viggo squinted at him, trying to see if he was lying, but Åke looked genuinely disgusted by the idea of eating cinnamon buns. As much as Viggo didn't trust Åke's bad temper, it didn't seem like he was the culprit. He crossed Åke off the list and moved on.

As the day went on, Viggo interviewed more townspeople—everyone from his schoolteacher, Miss Svensson, to the postman, Mr. Jansson. But no one had any useful information. With each dead end, Viggo grew more frustrated. The whole town was gathering in the square, but without the cinnamon buns, the celebration felt flat.

Viggo sat on a bench, his chin resting in his hands, staring at the empty table where the buns should have been.

"Think, Viggo, think!" he muttered to himself. "Where could they have gone?"

Just then, Loppis, his little dog, came running up, barking excitedly. He jumped onto Viggo's lap and licked his face, wagging his tail furiously.

"Loppis, I'm trying to solve a mystery!" Viggo said, pushing the dog away.

But Loppis kept barking and running toward the edge of the square, stopping to look back at Viggo as if he wanted him to follow.

"Wait a minute…" Viggo said, his eyes narrowing. "Loppis, do you know something?"

With a new sense of determination, Viggo followed Loppis down the street and around the corner to a small alleyway behind the bakery. And there, to his amazement, was the missing tray of cinnamon buns, sitting on the ground next to an overturned basket.

Viggo's eyes widened. "What on earth…?"

Then he heard a soft giggle. Peeking around the corner, Viggo spotted a group of small children from the neighborhood, including his own little sister, Freja, sitting in a circle. They had cinnamon glaze all over their faces, and half-eaten buns were scattered around them.

"Freja!" Viggo exclaimed. "What are you doing with the buns?"

Freja looked up, her eyes wide with guilt. "We were just so hungry! And they smelled so good… We didn't mean to take them all."

Viggo shook his head, trying not to laugh. "You and your friends ate the whole batch! Mom's been worried sick!"

Freja bit her lip, looking ashamed. "I'm sorry, Viggo. We didn't think it was a big deal."

With a sigh, Viggo knelt down beside his sister. "You know how important Cinnamon Bun Day is for everyone, right? We can't have a celebration without buns!"

Freja nodded sadly. "What do we do now?"

Viggo smiled, ruffling her hair. "Well, you're going to help me bake a new batch. Come on, let's fix this before the day is over."

That afternoon, with the help of Freja and her friends, Viggo and his mom managed to bake a fresh batch of cinnamon buns. Just in time for the celebration, the buns were laid out in the town square, and the smell of cinnamon and sugar filled the air once again.

As the townspeople gathered, laughing and enjoying the sweet treats, Viggo couldn't help but smile. The mystery had been solved, and even though the culprit turned out to be his little sister, the day was saved.

"Good job, detective," his mom said, patting him on the back. "Maybe next year you'll solve a mystery without having to bake a whole new batch of buns!"

Viggo grinned, already imagining what the next mystery might be. But for now, he was happy to enjoy the cinnamon buns and the laughter of his town, knowing that some mysteries—even the tastiest ones—could have the most unexpected solutions.

Pojken som Pratade med Stjärnorna

Axel var en tyst pojke, en sådan som älskade att sitta och lyssna hellre än att prata. Han bodde i en liten by som låg inbäddad mellan höga, viskande tallar och glittrande sjöar. Det var en fredlig plats, men ibland kändes det för tyst, även för någon som Axel. Han hade vänner i skolan, men han kände sig ofta som en utanförstående, som om något osynligt höll honom borta från resten av världen.

En kväll, när han kände sig särskilt ensam, vandrade Axel ut i gläntan bakom sitt hus. Himlen var mörk och vidsträckt, prickad av tusentals blinkande stjärnor. Axel älskade stjärnorna. De verkade så långt borta, men ändå fulla av berättelser. När han lade sig ner på det mjuka gräset och tittade upp, önskade han—bara för ett ögonblick—att han kunde prata med dem.

Plötsligt hände något otroligt.

En mjuk, melodisk röst svävade ner från himlen, så mild som en bris. "Hej, Axel."

Axel satte sig upp, hjärtat bultande. Han såg sig omkring, men ingen var där. Hans ögon återvände till himlen, och han kunde inte tro sina ögon. En av stjärnorna—en särskilt ljus en—glimmade ännu mer, som om den log mot honom.

"Du... du kan prata?" viskade Axel, med en skakig röst.

Stjärnan blinkade som svar. "Självklart kan vi. Vi har alltid kunnat. Det är bara så att inte alla lyssnar."

Axels mun föll upp i ett stort O. Han hade spenderat så många nätter med att titta på stjärnorna, undrat vad de skulle säga om de kunde prata, och nu hände det. Han drömde inte—det var han säker på.

"Varför kan jag höra er nu?" frågade Axel.

"För att du ikväll var redo att lyssna," svarade stjärnan mjukt. "Du har känt dig vilse, eller hur?"

Axel nickade. "Ja... jag antar att jag har."

Stjärnan blinkade varmt, dess ljus kastade ett mjukt sken över Axel. "Ibland, när vi känner oss vilse, glömmer vi att titta upp. Men stjärnorna är alltid här, vakande över dig, skinande även när du inte kan se oss. Vi har berättelser att berätta, lärdomar att dela."

Axels hjärta fylldes med en slags tröst han inte känt på länge. "Vill du berätta en av dina berättelser?"

Stjärnans glöd blev starkare. "Självklart. Lyssna noga, Axel."

Den natten, under den vidsträckta, stjärnklara himlen, hörde Axel berättelser som var olik alla han någonsin hört förut. Stjärnorna talade om avlägsna galaxer, där planeter dansade runt sina solar som barn i en äng. De berättade sagor om supernovor som brast ut i liv, skapande nya världar av dammet från gamla. De talade om svarta hål, mystiska och mäktiga, och om kometer som sköt över himlen, lämnande spår av underverk efter sig.

Men de viktigaste berättelserna var de som kändes som om de var avsedda bara för Axel.

"För länge sedan," började stjärnan, "fanns det en stjärna som kände sig mycket liten. Den såg sig omkring i den vidsträckta himlen, såg andra stjärnor som lyste starkare, stjärnor som verkade ha mer betydelse. Denna lilla stjärna tänkte, 'Jag kommer aldrig att bli lika ljus som dem. Jag kommer aldrig att bli sedd.' Men vad stjärnan inte insåg var att i sitt eget lilla sätt var den en del av något mycket större. Varje stjärna, oavsett hur liten, har sin plats på himlen, och utan den stjärnan skulle natten inte vara densamma."

Axel kände en klump i halsen. "Är det sant?" frågade han tyst.

Stjärnan blinkade. "Ja, Axel. Precis som du har varje stjärna sin mening. Du kanske känner dig liten eller osedd ibland, men du är en viktig del av denna värld. Utan dig skulle saker inte vara riktigt desamma."

Axel stängde ögonen, lät stjärnans ord sjunka in. Så länge han hade känt att han inte betydde något, som om han bara var en liten person i en stor, överväldigande värld. Men när han hörde stjärnorna prata med honom, började han förstå att kanske det att vara liten inte betydde att vara oviktig. Kanske betydde det bara att vara en del av något mycket större.

Under de följande dagarna blev Axels nattliga samtal med stjärnorna en rutin. Varje natt delade de nya berättelser och gav honom vägledning när han behövde det som mest.

En kväll, efter en särskilt svår dag i skolan, kände Axel sig frustrerad. Hans klasskamrater hade retat honom för att han var tyst, och det fick honom att vilja krypa undan från världen.

När han tittade upp på stjärnorna den natten var hans hjärta tungt.

"Jag förstår inte," sa han högt. "Varför måste folk vara så elaka?"

Stjärnorna lyste mjukt som svar. "Ibland handlar människor utifrån rädsla, Axel. De förstår inte tystnad. Men att vara snäll betyder inte alltid att vara högljudd. Faktum är att det krävs stort mod att vara snäll i en värld som inte alltid är snäll tillbaka."

"Mod?" upprepade Axel. "Men jag är inte modig. Jag är bara... tyst."

"Du är modigare än du vet," försäkrade stjärnan honom. "Mod kommer i många former. Ibland är det att stå upp för någon annan, och ibland är det helt enkelt att vara dig själv, även när andra inte förstår. Snällhet är en egen sorts mod, Axel."

Axel lät stjärnans ord skölja över honom, och ett litet leende drog i hörnen av hans läppar. Kanske behövde han inte förändra vem han var för att vara modig. Kanske var det tillräckligt att vara snäll och tyst.

Veckorna gick, och med varje samtal blev Axel starkare. Stjärnorna hade blivit hans vänner, som vägledde honom genom hans känslor av ensamhet och självtvivel. De påminde honom om att han var en del av det vidsträckta universum, och även om han bara var en pojke i en liten by, var han viktig.

En natt, när Axel låg i gläntan, såg han upp på himlen med en ny känsla av lugn. "Tack," viskade han till stjärnorna. "Ni har hjälpt mig så mycket."

Stjärnorna blinkade som svar, deras ljus milt och varmt.

"Du hjälpte dig själv, Axel," sa de mjukt. "Vi påminde bara dig om vad du alltid har vetat djupt inom dig."

Axel log. För första gången på länge kände han sig inte ensam. Stjärnorna hade visat honom att även i de mörkaste nätterna fanns det alltid ljus—oavsett om det kom från himlen eller från inom honom själv.

Och från den dagen framåt, närhelst Axel kände sig vilse eller osäker, skulle han titta upp på stjärnorna och minnas deras berättelser. De var alltid där, påminde honom om modet och vänligheten som levde inom hans hjärta.

The Boy Who Spoke to Stars

Axel was a quiet boy, the kind of boy who loved to sit and listen rather than speak. He lived in a small village nestled between tall, whispering pines and shimmering lakes. It was a peaceful place, but sometimes it felt too quiet, even for someone like Axel. He had friends at school, but he often felt like an outsider, like there was something invisible keeping him apart from the rest of the world.

One evening, feeling especially lonely, Axel wandered out into the clearing behind his house. The sky was dark and vast, dotted with thousands of twinkling stars. Axel loved the stars. They seemed so far away, yet so full of stories. As he lay down on the soft grass and gazed up, he wished—just for a moment—that he could talk to them.

Suddenly, something incredible happened.

A soft, melodic voice floated down from the sky, as gentle as a breeze. "Hello, Axel."

Axel sat up, his heart racing. He looked around, but no one was there. His eyes went back to the sky, and he couldn't believe what he was seeing. One of the stars—a particularly bright one—was glowing even more brilliantly, as if it was smiling at him.

"You... you can talk?" Axel whispered, his voice shaky.

The star twinkled in response. "Of course we can. We've always been able to. It's just that not everyone listens."

Axel's mouth dropped open. He had spent so many nights looking at the stars, wondering what they might say if they could talk, and now it was happening. He wasn't dreaming—he was sure of it.

"Why can I hear you now?" Axel asked.

"Because tonight, you were ready to listen," the star replied softly. "You've been feeling lost, haven't you?"

Axel nodded. "Yeah... I guess I have."

The star twinkled warmly, its light casting a soft glow over Axel. "Sometimes, when we feel lost, we forget to look up. But the stars are always here, watching over you, shining even when you can't see us. We have stories to tell, lessons to share."

Axel's heart filled with a kind of comfort he hadn't felt in a long time. "Will you tell me one of your stories?"

The star's glow brightened. "Of course. Listen closely, Axel."

That night, under the vast, starry sky, Axel heard stories unlike any he'd ever heard before. The stars spoke of distant galaxies, where planets danced around their suns like children in a meadow. They told tales of supernovas bursting into life, creating new worlds from the dust of old ones. They spoke of black holes, mysterious and powerful, and of comets streaking across the sky, leaving trails of wonder in their wake.

But the most important stories were the ones that felt like they were meant just for Axel.

"Long ago," the star began, "there was a star that felt very small. It looked around at the vast sky, seeing other stars that shone brighter, stars that seemed to have more importance. This little star thought, 'I will never be as bright as them. I will never be noticed.' But what the star didn't realize was that in its own small way, it was part of something much bigger. Every star, no matter how small, has a place in the sky, and without that star, the night would not be the same."

Axel felt a lump in his throat. "Is that true?" he asked quietly.

The star twinkled. "Yes, Axel. Just like you, every star has its purpose. You may feel small or unnoticed at times, but you are an important part of this world. Without you, things wouldn't be quite the same."

Axel closed his eyes, letting the star's words sink in. For so long, he had felt like he didn't matter, like he was just one small person in a big, overwhelming world. But hearing the stars speak to him, he began to understand that maybe being small didn't mean being unimportant. Maybe it just meant being part of something much bigger.

In the days that followed, Axel's nightly conversations with the stars became a routine. Each night, they shared new stories and offered him guidance when he needed it most.

One evening, after a particularly hard day at school, Axel felt frustrated. His classmates had been teasing him for being quiet, and it made him want to shrink away from the world.

When he looked up at the stars that night, his heart was heavy.

"I don't understand," he said aloud. "Why do people have to be so mean?"

The stars glowed softly in response. "Sometimes people act out of fear, Axel. They don't understand quietness. But being kind doesn't always mean being loud. In fact, it takes great bravery to be kind in a world that isn't always kind back."

"Bravery?" Axel repeated. "But I'm not brave. I just... stay quiet."

"You are braver than you know," the star assured him. "Bravery comes in many forms. Sometimes it's standing up for someone else, and sometimes it's simply being yourself, even when others don't understand. Kindness is its own kind of courage, Axel."

Axel let the star's words wash over him, and a small smile tugged at the corners of his lips. Maybe he didn't have to change who he was to be brave. Maybe being kind and quiet was enough.

Weeks passed, and with each conversation, Axel grew stronger. The stars had become his friends, guiding him through his feelings of loneliness and self-doubt. They reminded him that he was part of the vast universe, and even though he was just one boy in a small village, he was important.

One night, as Axel lay in the clearing, he looked up at the sky with a new sense of peace. "Thank you," he whispered to the stars. "You've helped me so much."

The stars twinkled in response, their light gentle and warm.

"You helped yourself, Axel," they said softly. "We only reminded you of what you've always known deep inside."

Axel smiled. For the first time in a long while, he didn't feel alone. The stars had shown him that even in the darkest of nights, there was always light—whether it came from the sky, or from within himself.

And from that day forward, whenever Axel felt lost or unsure, he would look up at the stars and remember their stories. They were always there, after all, reminding him of the bravery and kindness that lived within his heart.

9 798227 158581